D1934112

Die Originalausgabe erschien erstmals unter dem Titel
BON VOYAGE! Formes, couleurs, contrastes bei hélium,
12 rue de l'Arbalète, 75005 Paris

Copyright © hélium, 2010

Alle Rechte vorbehalten

Copyright der deutschsprachigen Ausgabe
© 2010 Gerstenberg Verlag, Hildesheim

Aus dem Französischen von Konstanze Frei

Alle deutschsprachigen Rechte vorbehalten

Printed in China

www.gerstenberg-verlag.de

ISBN 978-3-8369-5327-6

DIDIER CORNILLE

HIER & DA

Das Buch der Zahlen, Formen und Farben

GERSTENBERG

HIER & DA
ZAHLEN

ein Höcker

zwei Höcker

drei kleine Schweinchen

vier Koffer

fünf Reisende

sechs Bahnhöfe

sieben Zwerge

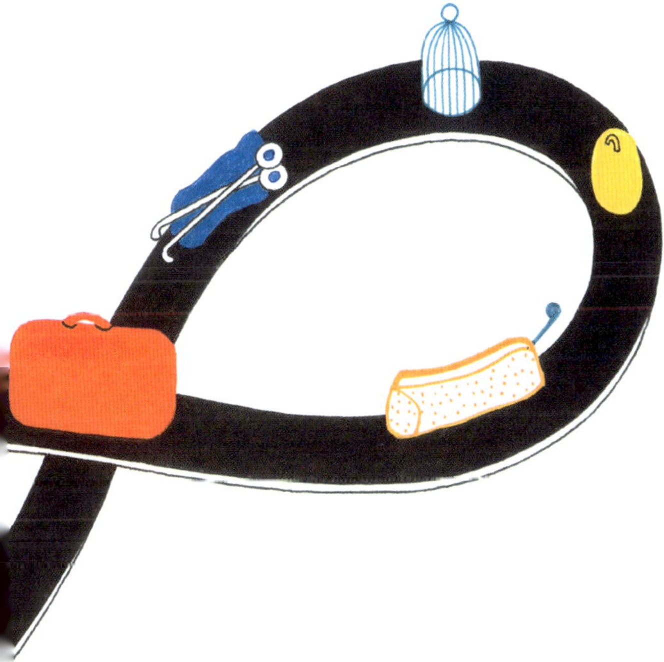

acht Gepäckstücke

neun neue Taschen

zehn verlorene Gepäckstücke

zehn aufgeregte Touristen

sehr viel

FORT
FORMEN

Quadrat

Dreieck

Kreis

Rechteck

Raute

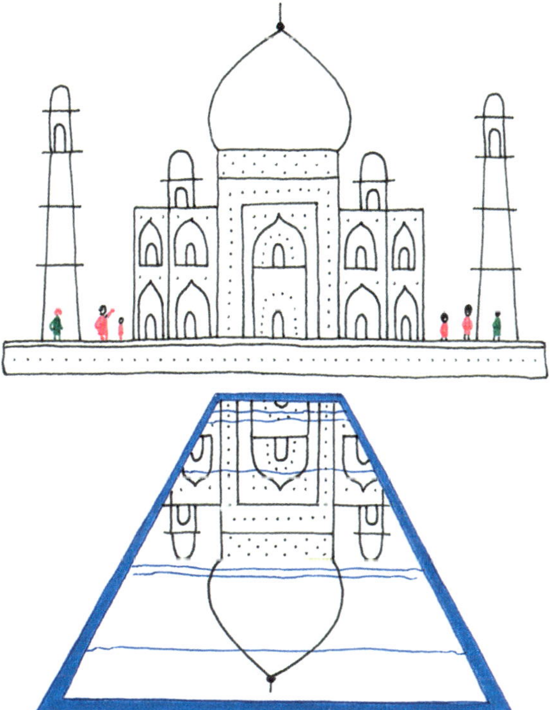

Trapez

UNTERWEGS
REISEZIELE

Patras

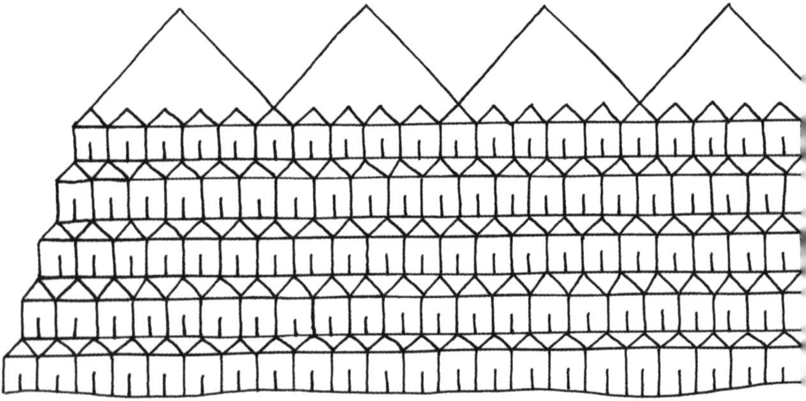

Damaskus

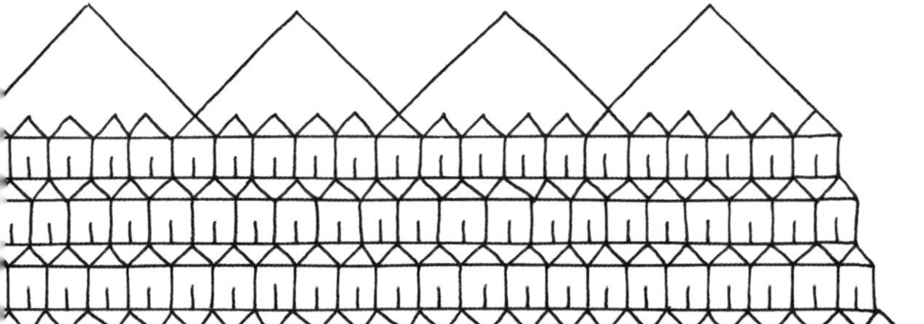

Madras

Caracas

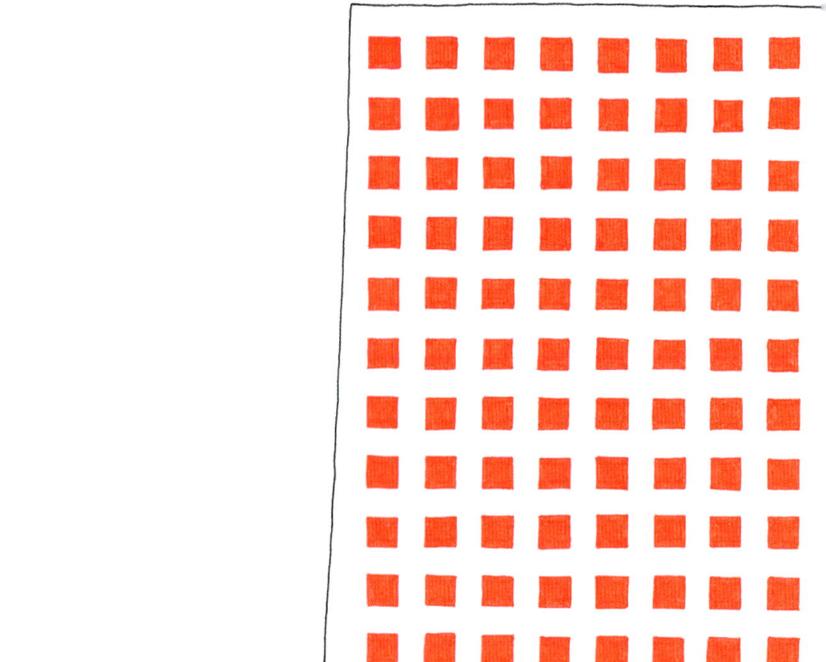

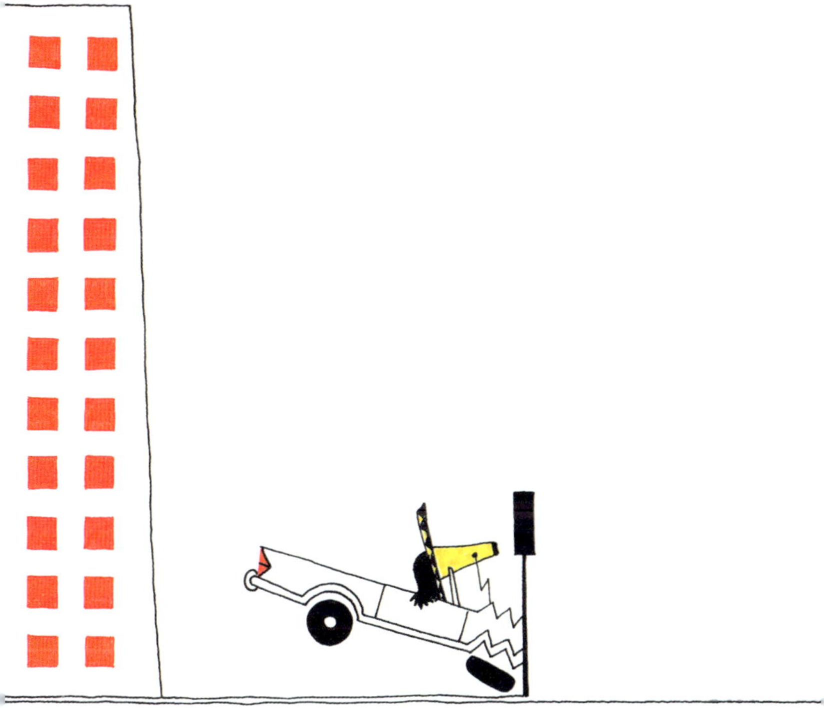

Dallas

POLIZEI

na, so was!

DA
GEGENSÄTZE

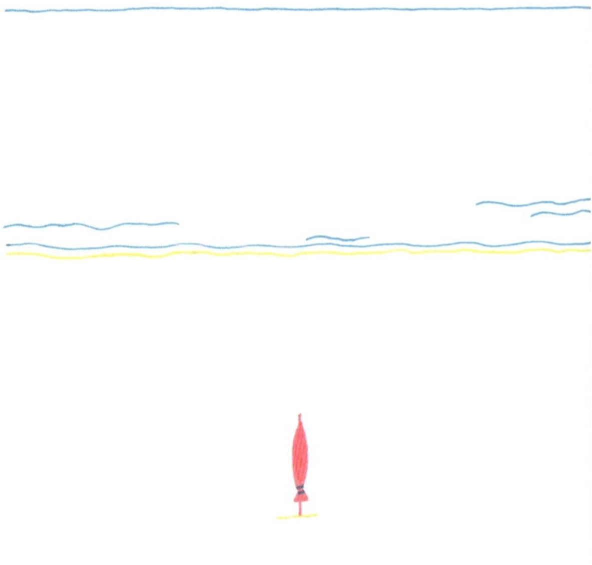

leer

voll

weiß

farbig

ruhig

belebt

feucht

trocken

DORT
POSTKARTEN

New York

Venedig

Rom

Kuwait-Stadt

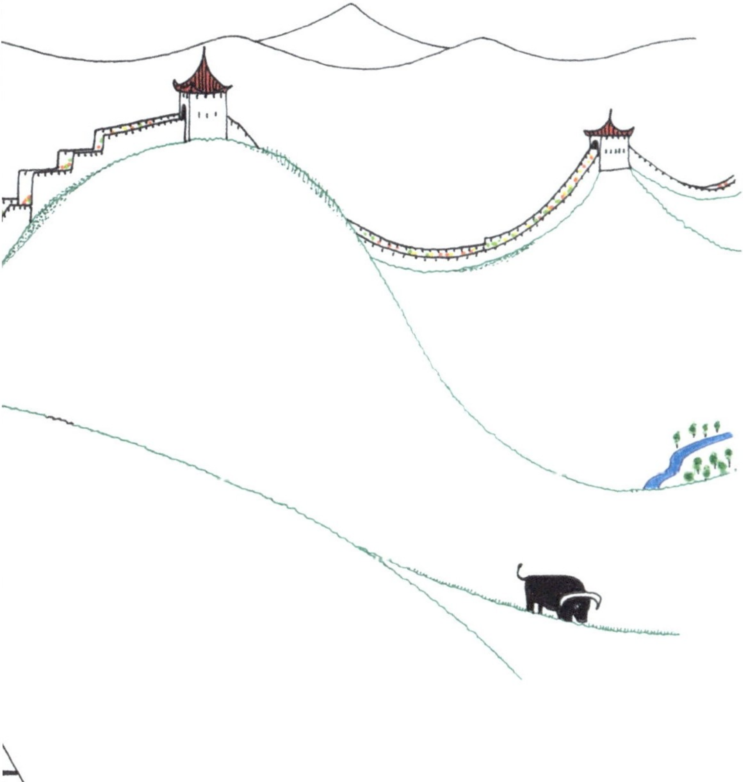

die Chinesische Mauer

Niagarafälle

Männeken Pis

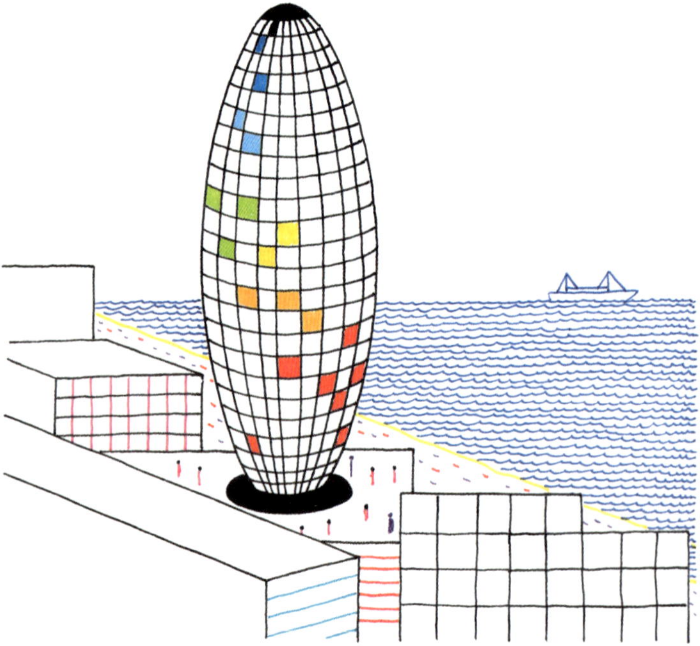

Barcelona

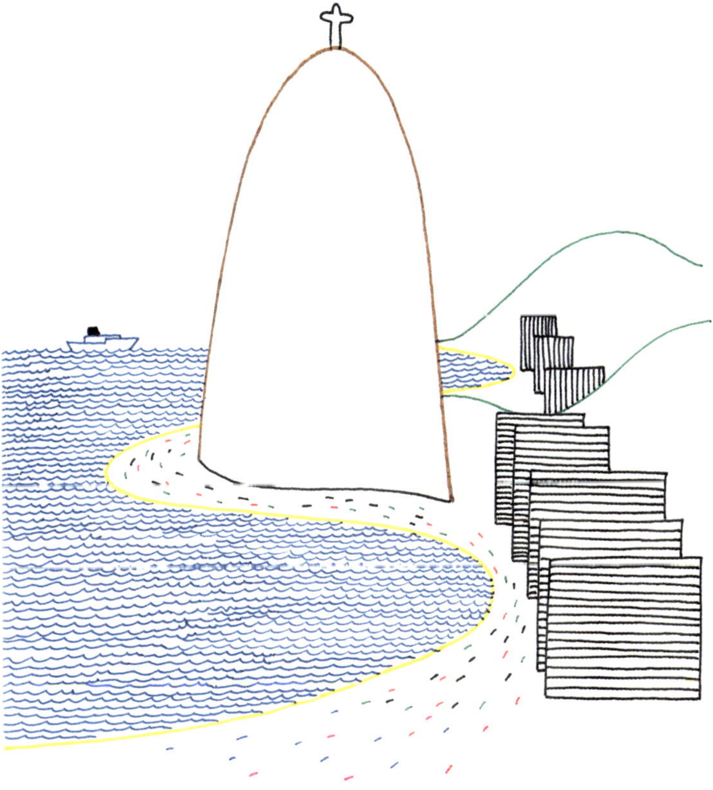

Rio de Janeiro

ANDERSWO
FARBEN

Rot

Weiß

Blau

Gelb

Schwarz

Grün

bunt